AF217742

Vorwort und Einleitung

Winterwandern ist ein Vergnügen für jedermann: Das Knirschen des Schnees unter den Sohlen, das Spiel des Lichts, das Prickeln der Winterluft auf der Haut – und vielfach auch die Aussicht auf gemütliche Einkehr: Der Winter will von seiner schönsten Seite erlebt werden.

Die in diesem Führer vorgestellten Winterwanderungen verlaufen durchwegs auf gebahnten Wegen. Außer kurz nach Neuschneefall bedarf es keiner besonderen Ausrüstung: Rutschfestes, wasserdichtes Schuhwerk ist selbstverständlich; bei der Bekleidung bewährt sich auch im Winter das „Zwiebelschalenprinzip"; (Teleskop)-Stöcke mit Stahlspitze und größeren Tellern können sehr hilfreich sein. Für vereiste Stellen eignen sich sogenannte „Grödel": ganz leichte Steigeisen, die man einfach und schnell an jedem Bergschuh befestigen kann.

Die meisten Ausgangs- und Endpunkte sind auch mit öffentlichen Verkehrsmitteln zu erreichen (Fahrplaninformationen unter www.sii.bz.it). Die Gehzeiten sind Richtwerte und entsprechen einer mittleren Gehleistung ohne Rastpausen.

Inhalt

LEO BRUGGER

EINFACH SÜDTIROL

Winterwandern zu Almen und Hütten

**30 EINFACHE UND ENTSPANNTE
WINTERTOUREN IN SÜDTIROL**

TAPPEINER.

Alle Wanderungen sind in einem topografischen Kartenaus-
schnitt eingezeichnet.

Über die kostenfreie **Notrufnummer 112** kann auch in Südtirol
bei Berg- und Freizeitunfällen Hilfe angefordert werden.
Dabei ist es wichtig, seinen Standort, die Art des Unfalls und
seine Mobilfunknummer anzugeben.

Viel Spaß beim Winterwandern!

Ihr Leo Brugger

Wandern am Rittner Horn mit prächtiger Aussicht auf die Dolomiten

1 Rund um den Haider See

●● König Ortler trägt seinen Titel zu Recht ●●

Eine schöne und selten dicht „bevölkerte" Winterwanderung, die einen prächtigen Blick auf die tief verschneite Ortlergruppe mit Teitschroi, Hohem Angelus und Tschenglser Hochwand bietet. Vor allem aber auf das berühmte „Dreigestirn" König – Zebrù – Ortler. Ein wunderschönes, geradezu königliches Bild mit diesem 3905 Meter hohen eisgepanzerten Riesen, dessen Nordwand steil in Richtung Sulden abfällt. Wenn die Eisdecke auf dem Haider See dick genug ist, tummeln sich dort regelmäßig Eisläufer, Snowkiter und Eissegler. Der See ist übrigens „natürlichen" Ursprungs und nicht künstlich gestaut wie der Reschensee mit seinem berühmten Turm. Aufgestaut wurde er durch die großen nacheiszeitlichen

Der Haider See im Winterkleid

Murschübe, die vom Plawenntal herunter den gewaltigen Murkegel der Malser Haide aufgeschüttet haben. Vor dem Bau der Staumauer am Reschensee gab es noch einen dritten See, den Mittersee, auch Grauner See genannt. Mit der Seestauung im Jahr 1950 ist dann nicht nur der Mittersee im großen Reschensee „aufgegangen", sondern auch ein gesamtes Dorf. 70 % der Bevölkerung sind aus- oder abgewandert, 163 Wohnhäuser und landwirtschaftliche Gebäude wurden gesprengt und 514 Hektar Kulturfläche vernichtet. Aber zurück zum Haider See. Er gehört zu den noch ursprünglichsten Seen in Südtirol, sowohl am Nord- als auch am Südufer finden sich ausgedehnte Biotope. Mögen sie auch im Winter weniger attraktiv erscheinen, so sind sie doch von größter ökologischer Bedeutung.

Wegverlauf: Vom Parkplatz oder von der Bushaltestelle zur Brücke über die Etsch und rechts vom Bächlein in Richtung Süden. Ein kurzes Stück geht es durch den Auwald, dann spaziert man am westlichen Seeufer mit prächtigem Fernblick auf den zugefrorenen See und die Ortlergruppe südwärts. Nach einem sanften Aufstieg folgt ein etwas steilerer Abstieg zurück zum See, der manchmal glatt oder gar eisig ist. Am See entlang erreicht man das Biotop am südlichen Seeufer. Ein Holzsteg führt über die Etsch, vorbei an mehreren Hinweistafeln gelangt man zu den Fischerhäusern. Von dort geht's bequem zurück nach St. Valentin.

2 Zur Melager Alm
in Langtaufers

→	Parkplatz in Melag
🕐	ca. 1½ Std.
🏔	110 m
📖	Alpenwelt Verlag, 1463 Reschenpass, 1:40.000
〰	Vinschgau, Langtauferer Tal, Melag

💬 Ein einsamer Winterweg in die Stille 💬

Langtaufers ist etwas Besonderes. Der am tiefsten gelegene Hof des Tales befindet sich auf 1500 Metern Höhe, der höchste ganzjährig bewohnte dagegen auf stolzen 1915 Metern. Im Talschluss ragen die tief verschneiten Gipfel rund um die Weißkugel auf, nach Norden und Süden flankiert eine ganze Reihe von weiteren Dreitausendern das Tal.

Langtaufers zählt insgesamt zu den ursprünglichsten Tälern Südtirols. Neben der Landwirtschaft hat man sich dem sanften Tourismus verschrieben. In Langtaufers locken eine unberührte weiße Pracht und eine rund 15 Kilometer lange

Herrliche Winterlandschaft in Langtaufers

Höhenloipe für „Klassikläufer" und Skater. Diese leichte Wanderung zur Melager Alm, fast könnte man von einem Spaziergang sprechen, ist auf jeden Fall lohnend und vielleicht sollte man sich an der Schönheit erfreuen, so lange es sie in dieser Form noch gibt.

Wegverlauf: Vom Parkplatz oder der Bushaltestelle geht man taleinwärts und nach rechts zwischen den Häusern durch. Die Markierungen 2 und 5 weisen den Weg, der aber auch ohne Markierungen unübersehbar ist. In ganz sanfter Steigung spaziert man taleinwärts zur Brücke über den Karlinbach. Weiter geht's über die Brücke und weiterhin flach hinüber zur Alm.
Rückweg wie Hinweg oder über Markierung 2 orografisch rechts des Karlinbaches zum Ausgangspunkt zurück.

1 cm = 500 m

N

Außere
Schäferhütte
2274

Lappiera

Planeilbach

NOCKSPI
3006

1978

Melag Bach

2146

Rastl

2258

Melag
Melago

2559

Kappl
1897

Wies

Stausee

1912

Platzbach

2508

1850

Grub

2354

1A

2805

Finsterkofel   Fa

15B

15B

Masebner Alm
2014

Valbenar Bach

Innere
Schaferhütte

2506

280

Maseben

2411

Atlantis der Berge
2267

2457

Valbbach

1A

1B

UNT. MAHDERKOPF

Malga di Melago
Melager Alm
1970

1987

Karlinbach

Lacken

R. Carlino

2602

Freibrunnbach

MITTAGSKOPF

2686

2187

ROSSKOPF

Gletscherlehr

2576

RKOPF

2472

2395

2427

19A

Schöngang

Zur Schliniger Alm

💬 Alp Planbell – nomen est omen 💬

Der ältere und damit eigentliche Namen der Alm lautet Alp Planbell, also Alm am schönen Boden. Einerseits zeugt er von der rätoromanischen Vergangenheit des Tälchens (und der gesamten Umgebung), andererseits entspricht er den Gegebenheiten, denn die Almflächen sind flach, sonnig, weitgehend steinfrei und sehr fruchtbar. Auffallend, auch im Winter, ein mächtiger Felsblock etwas unterhalb der Alm und daneben ein Kreuz. Es ist der sogenannte „Prälatenstein", mit dem es eine besondere Bewandtnis hat. Die Alm und das Dorf

 Parkplatz in Schlinig

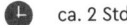 ca. 2 Std.

 130 m

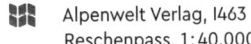 Alpenwelt Verlag, 1463
Reschenpass, 1:40.000

 Vinschgau, Mals, Burgeis,
Schlinig

gehörten seit 1220 praktisch zur Gänze zu Kloster Marien-
berg. Dieses wiederum übertrug die Vogteirechte an die
Edlen von Matsch, welche dem Kloster bei Bedarf be-
waffneten Schutz gewähren und es auch sonst in weltlichen
Dingen vertreten sollten. Manche Vertreter dieser Familie
kümmerten sich redlich um das Wohlergehen des Klosters,
andere dagegen – die Matscher haben sich ja auch in
Auseinandersetzungen mit den Bischöfen von Chur „hervor-
getan" – versuchten nur möglichst viel aus dem Kloster

Eine Genusswanderung über weite Flächen ...

herauszupressen. Ein besonders übler Kerl muss wohl Ulrich II. gewesen sein. Im Streit mit dem Kloster ließ er 1304 Abt Hermann von Schönstein eben am Prälatenstein enthaupten. Dass er selbst 5 Jahre später von seinem Vetter Egno erschlagen worden ist, weil er dessen Frau belästigt hat, passt ins Bild.

Wegverlauf: Vom Parkplatz durchquert man das Dorf und folgt dem gewalzten Zufahrtsweg der Alm taleinwärts. Immer in ganz sanfter Steigung geht's gemächlich durch freie Flächen dahin. Zur Linken ragt die Sesvennagruppe auf, aus der Muntpitschen, Föllakopf und Piz Sesvenna hervorstechen. Zur Rechten dominieren Vernungspitz und Piz Rasass. Ist man mit Kindern unterwegs, kann man in Sportgeschäften des Dörfchens eine Rodel für den Rückweg ausleihen. Rückweg wie Hinweg.

Hinweis: Der Weg führt am Nordischen Skizentrum Schlinig vorbei, ein markanter Holzbau, der sich gut in die Landschaft einfügt. Schlinig hat sich zu einem Langlaufmekka entwickelt: 15 Loipenkilometer unterschiedlicher Schwierigkeitsgrade werden von Skatern genauso geschätzt wie von „Klassikern". Regelmäßig werden international besetzte Wettkämpfe ausgetragen, 2008 war Schlinig Austragungsort der Junioren-WM und 2009 der Italienmeisterschaften.

geomarketing
1 cm = 500 m
N
GALTB
WATLES
2555
Auf dem Mäuerle
2338
Schafhütte
2336
1923
Innere Alm
Schliniger Alm
M.ga Slingia
1868
St. Sebastian
S. Sebastiano
1817
Schliniger B.
Schäferhütte
St. Anna
Kälberalm
2137
Schlinig
Slingia
1738
Jonen
1695
1886
Lutäschghof
1597
Zugon Höfe
2324
Monterodes Quellen
2123
2303
Metzbach
Säge
Segheria
2478
Lacken
Kalte
2399
BEIM KREUZL
2222
Pfaffen Seen
Sieben Brunn
2259
SEE-EGG
Plantapatsch-Hütte
2150
2146
2113
Höferalm
1962
Rodelbahn
Pista slittini
KASTEL
Prämajur
St. Martin
1702
Röfen
1639

4 Zur Berglalm
im Schnalstal

I→	Parkplatz Kurzras
🕐	ca. 2 ½ Std.
⛰	300 m
🗺	Alpenwelt Verlag, 1442 Schnalstal, 1 : 35.000
⚡	Naturns, Schnalstal, Kurzras

 Wintermärchen im Lagauntal

Das noch völlig unberührte Lagauntal, eines der schönsten Täler Südtirols, sowie die Berglalm sind auch im Winter ein beliebtes Ausflugsziel. Man wandert durch eine verschneite, idyllische Hochgebirgslandschaft mit ausgedehnten Lärchenwäldern.

Schnalser Talschluss im Winterkleid

Wegverlauf: Der Einstieg für den Weg zur Berglalm befindet sich an der Talstation der Umlaufbahn Lazaun in Kurzras. Alternativ kann man die Wanderung auch bei den Kofelhöfen (700 m vor Kurzras, Bushaltestelle → Markierung 5) beginnen.

Von Kurzras folgt man zunächst dem Winterwanderweg Markierung 4 in Richtung Gerstgras. Beim Wieshof hält man sich links auf Markierung 13A und folgt oberhalb der Kofelhöfe der Markierung 5 in den Wald hinein in das schöne Lagauntal und schließlich zur Berglalm.

Der Rückweg kann über denselben Weg angetreten werden oder man steigt über den steilen Weg nach Gerstgras (Markierung 13) ab und wandert von dort den Winterwanderweg zurück nach Kurzras.

geomarketing

N

1 cm = 500 m

Rodelbahn 2242
St. Martin
S. Martino
2461
2427
zaunhütte
ta Lazaun
2592
Scherm
Stalla
Lazaun B.

Sporthotel
Kurzras

Kurzras
Maso Corto

KORBECK
LA CORBA
2923

Wieshof
Maso Prato

2146

2341

1951
Köflhöfe
Masi del Cövolo
1918

2731

STOTZ
2887

2120

Marchegg
Maso Confinale
1829

1896

Finail
Finale

1952
Finailh

2170

Lagaunbach

2399 2399

Ob. Gerstgras
1767

1778

1996

2160

Bergialm
2214 M.ga di Cortiserrada

13A

13A

5

5 Schneetour im
hintersten Ultental

 Parkplatz entlang der
Forststraße Richtung
Flatschbergalm

ca. 2 ½ Std.

300 m

Alpenwelt Verlag, 1415
Ultental, 1 : 35.000

Lana, Ultental, St. Gertraud,
Richtung Weißbrunn

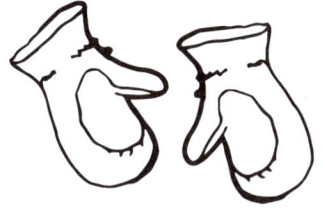

Winterwanderung zur Vorderen und Hinteren Flatschbergalm

Wegverlauf: Vom Parkplatz die Forststraße Nr. 143 entlang; den Flatschbergbach queren und in einem weiten Bogen um die Bergwiesen herumwandern; auf der Forststraße Nr. 143 bleiben. Allmählich gelangt man zur Vorderen Flatschbergalm und kann dann gemütlich bis zur Hinteren Flatschbergalm weiterwandern.
Rückweg wie Hinweg.

Die Vordere Flatschbergalm

Variante: Bei guten Wegbedingungen (Schneespur) kann der Rückweg auch über die Tuferalm erfolgen: Ab der Hinteren Flatschbergalm folgt man ein kurzes Stück dem Aufstiegsweg, bis ein Wegweiser mit der Markierung 12 scharf nach rechts weist. Dieser folgen, zunächst ziemlich ansteigend, bald aber in leichtem Auf und Ab durch Lärchen- und Zirbenwald bis zur Tuferalm.

Abstieg: Von der Tuferalm erfolgt der Abstieg über den Steig Nr. 141; oberhalb der Wiesen des Oberjochmayrhofes entlang und auf einem kurzen Verbindungsweg Nr. 144 zurück auf die Flatschberger Forststraße und zum Ausgangspunkt. Die Gehzeit der Rundwanderung beträgt ca. 4 Stunden.

6 Vigiljoch im Winterschlaf

 Bergstation
Sessellift Vigiljoch

ca. 1 Std.

320 m

ca. 2,3 km

Tappeiner 107, Lana und
Umgebung, 1:35.000

Lana, Talstation
Seilbahn Vigiljoch

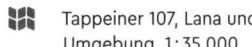 Familienfreundlicher
Winterausflug

Das Vigiljoch, der Hausberg der „Lanener", war schon früh
ein beliebter Sommerfrischort und so nimmt es nicht Wunder,
dass bereits 1912 eine Seilbahn von Lana aus errichtet wurde.
Eine Pioniertat, ohne Zweifel, besonders wenn man bedenkt,
dass es damals weltweit nur eine einzige Personenseilbahn
gab, jene nach Kohlern bei Bozen. Selbst Thronfolger Erz-
herzog Franz Ferdinand wollte sich das Vergnügen (und Ehre
für die Initiatoren) nicht entgehen lassen und schwebte mit
seiner Gattin Sophie hinauf aufs Joch. Aber auch andere

Das St.-Vigilius-Kirchlein am Vigiljoch

Prominenz wie etwa Fritz von Herzmanovsky-Orlando, Franz Kafka, Christian Morgenstern oder Franz Lehár fühlten sich wohl am Vigiljoch.

Wegverlauf: Nach der Auffahrt mit der Seilbahn fährt man bequem mit dem Sessellift weiter. Von der Bergstation wandert man auf Markierung 4 hinüber zum Hügel, auf dem das St.-Vigilius-Kirchlein thront. Hier können sich Kinder so richtig – und gefahrlos – im Schnee austoben. Zurück geht's auf Markierung 34 über den Gamplhof ganz bequem zur Bergstation der Seilbahn. Die Gehzeit beträgt hier nur gut 1 Stunde.

Variante: Von der Bergstation des Sessellliftes wandert man auf Markierung 8 – vorbei an einem schönen Aussichtspunkt – durch Wald abwärts (Grödel mitnehmen wird empfohlen!) zum Gasthof Seespitz und am Nordufer der Schwarzen Lacke auf Markierung 7 weiter. Teils durch Wald, teils durch offenes Gelände mit prächtiger Fernsicht geht's bei nur mäßigem Gefälle zurück zur Bergstation der Seilbahn. Die Gehzeit der Variante beträgt ca. 2 Stunden.

N

1 cm = 300 m

KREUZJOCH

Hohe Tann

1551
1493
1644
1643
1371
Haslacher

1663
1767
1730
Seespitz
1681
1699

1778

Seehof
1750
BISCHOFSKOFEL
1783
1694

1837
LARCHBÜHEL
DOSSO DEI LARICI

St. Vigilius
1713
S. Vigilio
1793
1725

Sessellift
Jocher
1814

Vigiljoch
Monte S. Vigilio

1630
1426
Marlinger Berg
Kofler
1133
Eckarter
893
Kurz
1367

Lebenberger Alm
1439
1445
1072
Taufer

Gampl
1696
1601
1141

1578
1497
1485

Bärenbad
1680
Amelsbichl
1448
1421
1486
Raffeinwand

Bärenbadquelle
1395
Oberhöfe
1450
Vigilius

Mitterhof
1374
Zollstang
1249
1295
1410

Mühlegg
Wieser

Zur Flecknerhütte am Jaufenkamm

99 Sonnige Lage und prachtvolle Aussicht 66

Es ist ein gemächlicher Spaziergang zu dieser Hütte auf der Sonnenseite des Jaufenkammes. Die Aussicht ist prächtig, das Passeiertal liegt dem Betrachter zu Füßen, der Blick schweift von der Texelgruppe über den Vinschgauer Sonnenberg auf die Bergwelt rund um den Ortler und weiter zum Mendel-

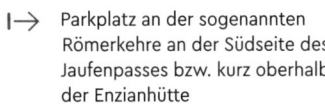

	Parkplatz an der sogenannten Römerkehre an der Südseite des Jaufenpasses bzw. kurz oberhalb der Enzianhütte
	ca. 1 Std.
	100 m
	Tabacco 039, Passeiertal, 1:25.000

Meran, St. Leonhard in Passeier, Jaufenpass, Römerkehre oder von Sterzing über den Jaufenpass (1. Kehre darunter)

kamm. Über den Jaufen verliefen uralte Verbindungswege; Jöcher und Übergänge waren in der Vergangenheit nicht trennend, sondern immer verbindend. Der Name „Römerkehre" weist darauf hin, dass auch die Römer diesen Übergang genutzt, ja ihn sogar ausgebaut haben. Allerdings handelte es sich „nur" um einen teilweise sogar gepflasterten Saumweg. Auch der Name „Jaufen" wird als Verballhornung eines lateinischen „Jugum Jovis" (Joch des Jupiters) oder als romanisches „juvu" gedeutet. Die heutige Passstraße ist relativ jung, sie stammt aus der Zeit kurz vor dem Ersten Weltkrieg.

Prächtige Aussicht am Jaufenkamm im Passeiertal

Aber zurück zur Frühzeit. Die Hänge auf der Sonnenseite des Tales wurden mit Sicherheit bereits in der Steinzeit begangen, wenn nicht gar besiedelt. Zahlreich sind die archäologischen Funde wie etwa Schaber und Pfeilspitzen aus Bergkristall oder Silex. Auch an der Flecknerhütte hat sich eine Spur aus der Frühzeit gefunden: Bei Grabungsarbeiten kam ein sogenannter „Seelenstein" zutage, eine Steinplatte mit einem künstlich hergestellten Loch. Diese Steine sind sehr schwer zu interpretieren, möglicherweise wurden sie im Zusammenhang mit einem Begräbnisritus verwendet. Wie auch immer, der Hüttenwirt hat dem Original noch ein paar zeitgenössische „Brüder" hinzugefügt ...
Und noch etwas Besonderes sei erwähnt: Es gibt Gold an der Flecknerhütte. Zugegeben, es ist nicht sehr viel, enthalten in einer mächtigen Platte Augengneis, aber es ist eben da!

Wegverlauf: Ausgangspunkt ist der meist geräumte Parkplatz am Zufahrtsweg zur Hütte (Beginn in der Kehre) bzw. kleine Parkplätze an der Kehre und kurz oberhalb der Enzianhütte. Von dort führt ein für den Verkehr gesperrter und planierter Zufahrtsweg hinüber zur Hütte.
Rückweg wie Hinweg.

8 Zur Kuhleitenhütte
auf Meran 2000

Bergstation Seilbahn
Meran 2000

 ca. 3½ Std.

 480 m

 Tappeiner 121, Meran und
Umgebung, 1:25.000

 Meran, Talstation
Seilbahn Meran 2000

99 Die höchstgelegene Hütte am Ifinger 66

Die Aussicht von der Kuhleitenhütte ist tatsächlich beeindruckend. Von der großzügigen Sonnenterrasse schweift der Blick von den Dolomiten über die Brenta, die Ortlergruppe, die Ötztaler und die Stubaier Alpen. Meran 2000 ist traditionell das Familienskigebiet der Meraner – und zumindest gleich beliebt bei Gästen von außerhalb. Deshalb wird man sich nicht über übertriebene Einsamkeit beklagen können, aber Winterwanderer sind immer noch ein bisschen „exotisch", zumindest Schneeschuhe sollten es schon sein. Im

Sonnenuntergang auf Meran 2000 mit Blick auf das St.-Oswald-Kirchlein; im Hintergrund die Dolomiten mit Latemar und den Gipfeln der Lagoraigruppe

Ernst: Auch auf der Kuhleitenhütte ist man selten allein, sie ist auch bei Tourengehern, die hier ihr verdientes Weizenbier genießen, ein sehr beliebtes Ziel.

Wegverlauf: Von der Bergstation der Seilbahn Meran 2000 folgt man dem gut gebahnten Weg zuerst flach, dann in mäßiger Steigung aufwärts. Der Weg wird manchmal auch von Skifahrern benützt, ein bisschen Vor- und Rücksicht ist also angebracht. In der Nähe der Waidmannalm biegt der Weg nach links ab und es geht nun etwas steiler am hübschen Kirchlein zu St. Oswald hinauf auf den Kamm. Dort gelangt man schon bald zur Oswaldscharte und nach wenigen Minuten zur gastlichen Hütte.
Rückweg wie Hinweg.

Variante für Gehfreudige: Mit PKW oder Bus über Meran nach Hafling und von dort nach Falzeben. Nun auf gebahntem Weg hinauf zur Zuegghütte und weiter aufs Piffinger Köpfl (Bergrestaurant Meran 2000). Von dort Fortsetzung wie oben beschrieben. Zusätzlich zu bewältigen: etwa 300 Höhenmeter und 1 Std. 40 Min. Gehzeit.

9 Das Knottnkino im Winter

🙶 Ein originelles Freilichtkino 🙷

„Knottn" bedeutet auf südtirolerisch Felsen, Felsabstürze. Das Knottnkino liegt an der Kante des Rotsteinkogels, also direkt auf einem „Knottn", und bietet eine geradezu fantastische Fernsicht auf das Etschtal, den Mendelzug, den hoch aufragenden Laugen, die Ultner Berge und die Texelgruppe. Eine Stahltafel informiert über die Vielzahl an Gipfeln und Bergen.

Bergstation Seilbahn Vöran

 ca. 3½ Std.

 470 m

 Tappeiner 121, Meran und Umgebung, 1:25.000

 Etschtal, Burgstall, Talstation Seilbahn Vöran, südlich von Burgstall

30 Kinosessel aus Stahl und Kastanienholz, entworfen vom Rittner Künstler Franz Messner, laden ein zum Schauen und Verweilen. Tatsächlich ändert sich die Sicht mit wechselndem Licht, mit treibenden Wolken, die Natur ist ein hervorragender Regisseur.

Die Wege sind meist gut getreten, trotzdem empfiehlt sich die Mitnahme von Schneeschuhen oder wenigstens Grödeln, besonders für das letzte Steilstück.

Auch im Winter ist das Knottnkino in Vöran ein sonniges und herrliches Erlebnis.

Wegverlauf: Von der Bergstation der Seilbahn wandert man auf der Markierung 1–16 durch das Dorf und hinauf zum Gasthof Grüner Baum. Von dort folgt man der Markierung 16 weiter in Richtung Leadneralm. An einer Schautafel an einem kleinen Weiher unterhalb der Alm hält man sich links und folgt nun der Markierung 11 nach Westen und Süden, bis die Markierung 14 eher steil rechts hinauf zum Knottnkino führt. Abstieg zurück bis nahe des Weberhofes und Fortsetzung nach rechts auf der Markierung 14, dem Schützenbrünnlweg, bis zum Gasthof Grüner Baum. Von dort Abstieg wie Aufstieg.

Tipp: Verzichtet man auf eine Rundwanderung und hält sich bereits im Aufstieg am Grünen Baum links auf dem Schützenbrünnlweg, verkürzt sich die Gehzeit um gut 1½ Stunden.

KNOTTNKINO

geomarketing
N
1 cm = 500 m
Reith
Alpenrose
Schwagerle
1134
ROTSTEINKNOTT
1465
Oberhauser
Knottnkino
Hütter
Haas
1382
Lenker
Weber
HIRSCHENBICHL
1566
Storfer
1455
Leadner Alm
Waldwies
Schwarzhütte-Mandler
Waldbichl
Maurer
Kuen
Noafer
1379
Haug
Rohrer
1316
Steinmann
1239
Egger
1265
Spitzegger
Wiesler
1177
Meier
530
1020
Kohlstatt
Tötnmoar
1166
Tothof
WOLFSBÜHEL
1147
Bucher
Flecker
Burgstall
Postal
Vöran
Verano
Bärenthaler
Alber
Wieser
Beimstein
1291
Grüner
Baum
Oberwirt
Schulkasten
Kerscher
Aschl
Eschio
Untermair
Mair
Pirch
Pag
1355
Lupp
Timpfler
Oberwaldner
Tratter
Steger
659
1020
1154
1155
Simelemüller
Bacher
1100
Gatscher

10 Zur Schmiederalm
bei Weißenstein

| → Parkplatz an der Wallfahrtskirche Maria Weißenstein

🕐 ca. 2½ Std.

⛰ 300 m

🗺 Tabacco 049, Südtiroler Weinstraße, 1:25.000

〰 Auer/Neumarkt, Aldein, Petersberg, Weißenstein

🔴🔴 Prächtige Aussicht am Regglberg 🔴🔴

Gewiss, der Zustieg erfolgt durch schüttere Lärchenwälder, die aber immer wieder einen Blick freigeben, die Lage der Alm dagegen ist ausgesprochen sonnig und bietet ein prächtiges Panorama. Tief unten im Tal reicht der Blick von Tramin über Kaltern durch das Etschtal bis nach Meran, dahinter steht wie eine Mauer der Mendelzug mit Penegal und Gantkofel und darüber schweift das Auge von der Brenta zum Adamello, über unzählige Spitzen bis hin zum Ortler und zur Texelgruppe.

Der mystische Wallfahrtsort Maria Weißenstein in Petersberg

Maria Weißenstein ist wohl der bekannteste Wallfahrtsort Südtirols. Die Anfänge gehen auf das Jahr 1553 zurück, als dem Bauern Leonhard Weißensteiner die Jungfrau Maria erschien und ihn von seiner Krankheit heilte. Die zum Dank errichtete Kapelle war für den schnell anschwellenden Pilgerstrom schon bald zu klein, 1673 wurde eine Kirche gebaut und 1753 barockisiert. Hunderte von Votivtafeln bezeugen Gebetserhörungen und tiefe Volksfrömmigkeit.

Wegverlauf: Vom Parkplatz wandert man zur Klosterkirche und sieht das deutlich erkennbare Schild „Schmiederalm-Winterweg". Man folgt der Markierung 8/10 bis zur nächsten Wegkreuzung und dann weiter auf Markierung 8 über Wiesen und durch Wälder. Man überquert bald ein Bachbett und kommt an einer Sommeralm vorbei. Bald biegt man, immer der Beschilderung Schmiederalm-Winterweg folgend, links ab und das letzte kurze Stück geht es aufwärts zur Schmiederalm. Der Weg wird nach jedem Neuschnee und an Wochenenden mit dem Motorschlitten präpariert, er ist daher kaum zu verfehlen.
Rückweg wie Hinweg.

Von Jenesien nach Langfenn

🔴🔴 Lärchenwiesen und ein mythischer Platz 🔴🔴

Vor allem zwei Dinge charakterisieren diese Wanderung: die Lärchenwiesen des Salten und das Kirchlein St. Jakob auf Langfenn. Aber eigentlich sind es drei: Man wird auch mit einem fantastischen Panoramablick belohnt. Der Reihe nach. Die Lärchenwiesen sind das Ergebnis menschlicher Eingriffe,

| → Parkplatz beim Gasthof Edelweiß (bei Konsumation gebührenfrei)

🕐 ca. 3½ Std.

290 m

Tabacco 034, Bozen – Ritten – Salten, 1:25.000

Bozen, Jenesien, Gasthof Edelweiß

das heißt, sie wurden bereits im Mittelalter gerodet, aber eben nicht zur Gänze und über die Jahrhunderte so erhalten. Besonders im Spätherbst und im Frühwinter, wenn die Wiesen vielleicht schon vom Schnee „angezuckert" sind, bieten diese Lärchenwiesen mit ihrem Farbenspiel der Rot- und Orangetöne vor dem blauen Himmel einen unvergesslichen Eindruck.

Das Kirchlein zu St. Jakob steht wohl an Stelle eines uralten Höhenheiligtums, vergleichbar mit den Kirchlein am Vigiljoch und St. Kathrein in der Scharte in Hafling. Das Kirchlein ist in seinen Grundzügen romanisch und wurde 1510 gotisiert. Das Innere ist nicht (mehr) besonders beeindruckend, mit seiner

Winterstimmung im Nebel am Salten

St. Jakob auf Langfenn,
ein christliches Kirchlein über einem
uralten heidnischen Höhenheiligtum

beherrschenden Lage gehört es aber zu den berühmtesten Wahrzeichen der Südtiroler Landschaft. Und schließlich die prächtige Fernsicht: Schlern, Langkofel, Rosengarten, an klaren Tagen auch der Ortler – mit einem Wort atemberaubend.

Wegverlauf: Vom Gasthaus Edelweiß folgt man der Markierung 1, auch Europäischer Fernwanderweg E5, nach Nordwesten. Der Weg ist nirgends wirklich steil und obwohl samt Gegensteigungen fast 300 Höhenmeter zu bewältigen sind, ist die Wanderung durch die lichten Lärchenwiesen nicht anstrengend. Der Gasthof zu Füßen des hübschen Kirchleins ist auch im Winter geöffnet.
Rückweg wie Hinweg.

12 Panoramatour am Rittner Horn

💬 Italiens erster Winter-Premiumweg 💬

Der Ritten ist – zu Unrecht – eher wegen seiner bekannten Sommerfrische und der prächtigen Erdpyramiden bekannt. Doch das kleine und feine Skigebiet am Rittner Horn, das besonders familienfreundlich ist, hat sich in den letzten Jahren einen festen Platz in der Beliebtheitsskala erobert.

Bergstation Kabinenumlaufbahn Rittner Horn

 ca. 3 Std.

 220 m

 Tabacco 034, Bozen – Ritten – Salten, 1:25.000

 Bozen, Ritten, Pemmern, Talstation Bergbahn Rittner Horn

Die Premium-Panorama-Tour ist als erste ihrer Art in Italien vom Deutschen Wanderinstitut e.V. wegen ihrem besonderen Erlebniswert ausgezeichnet worden. Die Fernsicht vom Rittner Horn ist legendär. Der Gipfel ist zwar nur 2260 Meter hoch, aber er bietet eine 360-Grad-Rundumsicht. Die unschöne Antennenanlage neben dem Schutzhaus „übersieht" man dann gerne.

Wegverlauf: Von Pemmern geht's zunächst mit der Rittner-Horn-Bergbahn hinauf zur Schwarzseespitze, wo die eigentliche Wanderung beginnt. Auf dem Panoramaweg mit der

Traumhafter Ausblick vom Hochplateau des Ritten

Markierung 19 wandert man nach Norden und gelangt im flachen Gelände nach Unterhorn. Dort hält man sich links und folgt der Kennzeichnung hinauf aufs Rittner Horn. Nun folgt man dem Premiumweg im Abstieg, gelangt wieder nach Unterhorn, setzt kurz danach nach links fort und gelangt schließlich wieder zur Bergstation.

Wichtiger Hinweis: Bei sehr geringer Schneelage oder nach sehr starkem Wind kann es vorkommen, dass der beschriebene Abstiegsweg nicht gespurt ist, da er auf felsigem Untergrund verläuft. In diesem Fall Abstieg wie Aufstieg.

13 Zur Messnerjochhütte

Parkplatz am Nigerpass

 ca. 2 Std.

 240 m

 Tappeiner 162, Eggental,
1:25.000

 Blumau, Tiers, Nigerpass

Unter den Wänden des Rosengartens

Angesichts der geringen Länge der Wanderung eignet sie sich auch bestens für Kinder oder etwas „müdere" Senioren. Hinter der von Dezember bis März/April geöffneten Messner-jochhütte ragt der Rosengarten mit seinen Wänden und Türmen auf, von der Terrasse bietet sich ein fantastischer Blick auf Latemar, Weißhorn und Schwarzhorn.
Natürlich sind den Wanderern die wichtigsten Sagen rund um König Laurins Reich bekannt und man kennt wohl auch das herrliche „Rosenglühen" in der Dämmerung. Weniger

Auch Skifahrer sind hier bestens aufgehoben!

bekannt sein dürfte, dass zu Füßen des Rosengartens eine Riesenhexe gehaust hat, die Lomberda. Zwar war sie vor allem als Wettermacherin verschrien, aber auch sonst war sie ein boshaftes Weib, das allerlei Unheil bewirken wollte. So sind am Nigerpass heute noch riesige Felsbrocken zu sehen, welche die Lomberda in ihrem Zorn nach Welschnofen hinunterschleudern wollte. Und aus dem Rosengarten brach sie einen gewaltigen Felsblock heraus – er ist heute noch dem Hauptstock des Rosengartens vorgelagert –, den sie nach St. Zyprian hinunterschieben wollte. Doch in beiden Fällen schützten die hell klingenden Wetterglocken.

Wegverlauf: Vom Parkplatz am Nigerpass folgt man der Forststraße mit der Markierung 1 in mäßiger Steigung durch den Wald hinauf. Bei der ersten Wegverzweigung hält man sich rechts, bald danach wird der Wald lichter und man erreicht schließlich die freien Flächen mit der 2011 neu erbauten Messnerjochhütte. Rückweg wie Hinweg. Wer die eigene Rodel mitbringt, kann völlig ungefährlich über die Forststraße zurückrodeln und spart etwa 1 Stunde Gehzeit.

14 Zum Rifugio Gardeccia

→	Bergstation der Seilbahn in Vigo di Fassa
🕐	ca. 4 Std.
🏔	350 m
🗺	Tappeiner 162, Eggental, 1:25.000
〰	Eggental, Karerpass, Vigo di Fassa, Talstation der Seilbahn Vigo di Fassa

 Im Zauberreich des Rosengartens

Die Vajolettürme, der Rosengarten, die Dirupi di Larséc, das klingt wie Musik in den Ohren eines jeden Liebhabers der Dolomiten. Diese Wanderung führt mitten hinein in dieses Zauberreich und belohnt mit herrlichen Ausblicken auf die Zinnen und Türme. Man kommt auch an Schautafeln des „Sagenweges" vorbei, auf denen Geschichten rund um dieses Zauberreich erzählt werden. So etwa jene des übermütigen Hirten Gordo, der die Hexen auf Ciampedie herausgefordert hat und dafür in einen Baum gezaubert worden ist; und von der armen Hirtin Vinella, die ihn aus dem Zauber gelöst hat.

Genussvolle Wanderung durch das Vajolettal

Wegverlauf: Von Vigo fährt man mit der Seilbahn hinauf zur Bergstation und folgt von dort nicht dem Sommerweg mit der Markierung 540, der die Skipisten queren würde, sondern steigt entlang der Trasse des Sesselliftes ab nach Pian Pecei. An der Talstation hält man sich links, quert vorsichtig die Skipiste und wandert in sanfter Steigung durch das Vajolettal hinauf zum Rifugio Gardeccia. Rückweg wie Hinweg.

Hinweis: Bei Benützung des Sesselliftes erspart man sich jeweils rund 200 Höhenmeter im Abstieg und auf dem Rückweg im Gegenanstieg.

Variante: Ebenfalls möglich ist die Rundwanderung „Giro del Ciampedie", die normalerweise auch ohne Schneeschuhe bewältigt werden kann. Ausgehend von der Bergstation der Seilbahn wandert man in etwa 50 Minuten im oder gegen den Uhrzeigersinn teils durch Wald, teils durch offenes Gelände rund um die Hochfläche von Ciampedie, der zu bewältigende Höhenunterschied hält sich in Grenzen und es bieten sich immer wieder schöne Aus- und Tiefblicke.

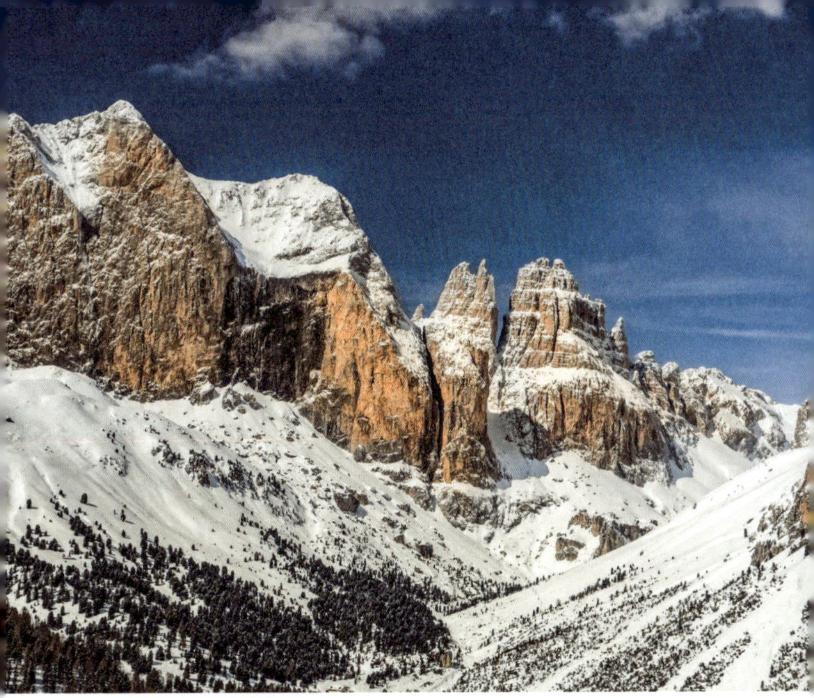

geomarketing
1 cm = 350 m
N
BARBOLADA
2375
Rif. Stella
Alpina Spiz Piaz
CREPA DE
SOCORDA
2523
2026
2446
1960
Rif. Gardeccia
1949
PALE DEL MESDI
(GRAN FERMADA)
583
550
Via Larsec
Enrosadira
Poz
La Regolina
C.ra
1603
1577
1728
umannpass
rc. di Davoi
Joch
Coronelle
CIMA
CURATON
2292
Trekking delle Leggende
540
1810
Rif.
Negritella
1986
1835
CIASTEL
COL DE SELA
1818
Bellavista
2000
1998
Monz
Mun
Ruaip
-di Sopra
-de Sora
Pera-
Pèra-
-di Sotto
-de Sot
Vac
Grave
1302
Pas dal
Mugogn
2630
TORRETTE
2409
Pas da le Zigolade
2550
2579
Baita Pra Martin
2096
2141
Rif. Ciampedie
Baita
Checco
Baita
La Zondra
MUGONI
ZIGOLADE
2540
2734
PALE RABIOUSE
Viale delle Feide
Trekking d. Leggende
Schafsteig
545
544
544B
543B
Chieva
Dasce
Freina
COL TOND
1313
Col da Prà
Troi de Vich
Pucia
Catinaccio
Rosengarten
Grotta Lourdes
Museo Ladino
Antico Bagno
545
2067
Alta Via dei Pastori
Fassaner Höhenweg
M.ga Vaèl
Stallone
di Vaèl
R. de Vaèl
547
2280
Rif. Roda di Vaèl
Rotwandhütte
Sènt'Uiana
Cimitero Militare
Istituto Culturale Ladino
1413
M.ga Allòc
1369
CIAMPAZ
2273
Baita M. Pederiva
1402
1393
Vai
1335
S. Giovanni
Sen Jan
Vigo di Fassa
Vich
Costa

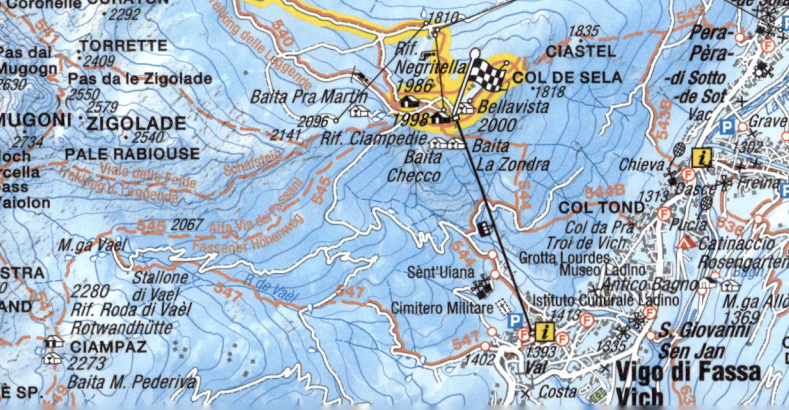

15 Panoramatour am Puflatsch

	Bergstation Seiser-Alm-Bahn
	ca. 2½ Std.
	300 m
	Tappeiner 136, Gröden und Umgebung, 1:25.000
	Bozen, Völs, Talstation Seiser-Alm-Bahn

Ein Hochplateau mit einmaliger Rundumsicht

Wegverlauf: Diese einfache Wanderung, die man durchaus auch mit Kindern unternehmen kann, bietet ein unvergleichliches Panorama mit atemberaubender Fernsicht. Von der Bergstation der Seilbahn wandert man nach links in sanfter Steigung auf der Markierung 14 über freie Hänge hinauf und setzt bei der Schutzhütte Dibaita geradeaus auf dem Puflatsch-Rundwanderweg fort. Dieser führt eigentlich rund um das gesamte Plateau, hier sei aber nur die kürzere

Der Puflatsch; im Hintergrund der Alpenhauptkamm

Variante vorgestellt. Sobald man ein Wegkreuz erreicht hat, geht's fast eben weiter über die Hochfläche. Kurz nach einem mächtigen Wetterkreuz ist die Arnikahütte erreicht. Prächtig das Panorama: Schlern und Rosszähne, Lang- und Plattkofel, Marmolata, Sellastock, Raschötz, Rittner Horn, Sarntaler Alpen, Ötztaler Alpen und Ortlergruppe: die schönsten Berge Südtirols!

Von der Hütte setzt man auf der Markierung 14 nach Südosten fort und gelangt zur Bergstation des Sessellifts. Etwas oberhalb davon befindet sich eine große Panoramatafel, die Information bietet und die Orientierung bzw. die Identifizierung der vielen Berge erleichtert. Nun steigt man immer auf Markierung 14 zur Seilbahn ab und achtet auf mögliche Rodler, die diese Strecke auch benützen.

Variante für „ganz Bequeme": Von der Seilbahn stapft man wenige Schritte hinüber zum Sessellift Puflatsch und schwebt mit diesem in die Höhe. Dann spaziert man in einem halben Stündchen praktisch eben hinüber zur Arnikahütte.

16 Zur Stöfflhütte auf der Villanderer Alm

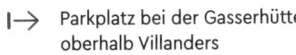 Parkplatz bei der Gasserhütte
oberhalb Villanders

🕐 ca. 3 ½ Std.

⛰ 400 m

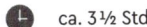 Tabacco 040, Sarntaler Alpen,
1 : 25.000

Bozen, Klausen, Villanders,
Gasserhütte

❨❨ Winterzauber in den Sarntaler Alpen ❩❩

Die Gasserhütte ist ganzjährig geöffnet und ist der Ausgangspunkt der Wanderung. Beeindruckend ist auf dem Hinweg
die große Weite der zweitgrößten Alm Südtirols, von der
Stöfflhütte aus und auf dem gesamten Rückweg ist die
Panoramasicht auf die Dolomiten über dem unteren Eisacktal
unvergesslich.

Auch wenn im Winter kaum oder nicht erkennbar: Auf der
Villanderer Alm befindet sich eines der schönsten Moor-
gebiete der Alpen. Flache Niedermoore und wertvolle

Die Villanderer Alm: sommers wie winters „wanderbar"

Hochmoore bergen unter anderem verlässliche Aussagen über den Klimaverlauf seit der letzten Eiszeit. Die Forschung weiß heute, dass die Waldgrenze in den letzten 10.000 Jahren bereits mehrfach um rund 200 Meter höher lag als heute, dass es also deutlich wärmer war. Vielleicht steckt sogar eine „Urerinnerung" daran in einer der vielen Sagen rund um den Villanderer Berg.

Wegverlauf: Vom Parkplatz bei der Gasserhütte folgt man dem planierten Weg, Markierung 24, fast eben nach Norden und gelangt nach kurzer Zeit zur Rinderplatzhütte. Dort biegt der Weg scharf nach links ab und man gelangt hinüber in die Nähe der Jausenstation Mair in Plun. Kurz davor hält man sich rechts, durchquert nun etwas steiler ein Waldstück und erreicht bald die freien Almflächen mit ihren Latschenfeldern. Weiter geht's hinauf immer nur mäßig steil bzw. auch flach zur Stöfflhütte, die schon von weitem gut sichtbar ist. Rückweg wie Hinweg.

17 Zur Geisleralm in Villnöß

 Parkplatz Zans
(gebührenpflichtig) oberhalb
St. Magdalena in Villnöß

 ca. 3 Std.

430 m

Tappeiner 161, Villnöß und
Umgebung, 1:25.000

Klausen, Villnöß, Zans
(Talschluss)

💬 Am Fuß der Geisler 💬

Beherrschend und bizarr gezackt stehen die Geisler am Horizont. Beherrschend Furchetta und Sass Rigais, deutlich die Gliederung durch die Mittagsscharte, rechts davon die Türme der Fermeda. Diese Wände haben zahllose Kletterer der Weltelite angezogen – und geprägt. Zum Beispiel Reinhold Messner, der am Fuß der Geisler aufgewachsen ist. Hier hat er seine ersten Klettertouren unternommen. So schreibt er selbst: „Wir hatten einige Filme von Trenker gesehen und begannen bereits von Karen, Bergen und Seilen zu träumen. Wir hatten zu Hause ein altes Hanfseil und spielten ab und zu

Die Geisler: von der Forcela de Munt de Furcia
aufgefädelt wie eine kostbare Perlenkette

Bergsteigen. Da wurde geklettert, gewandert, geschossen und natürlich auch gestürzt. Letzteres habe ich mir inzwischen abgewöhnt. (Aus meinem Tourenbuch 1959)".

Wegverlauf: Vom Parkplatz in Zans folgt man dem Fahrweg Markierung 36 nach Südosten und biegt bei der beschilderten Abzweigung ab in Richtung Glatschalm. Nach einem etwas steileren Abschnitt erreicht man die weiten Flächen der Glatschalm und setzt nach Süden fort, direkt auf die Geislerspitzen zu. Nach einem kurzen Waldstück gelangt man zur „Aussichtspromenade" Adolf-Munkel-Weg und setzt auf diesem nach rechts fort. Bald darauf hält man sich wieder rechts und wandert fast eben auf Markierung 36A und 36 zur Geisleralm. Im Abstieg geht man ein kurzes Stück über die Wiese und wandert bequem auf dem gespurten Zufahrtsweg Markierung 34 in sanftem Gefälle abwärts, bis die Markierung 33B nach rechts abzweigt. Bei der nächsten Wegverzweigung hält man sich rechts auf Markierung 33 und gelangt zurück zum Ausgangspunkt.

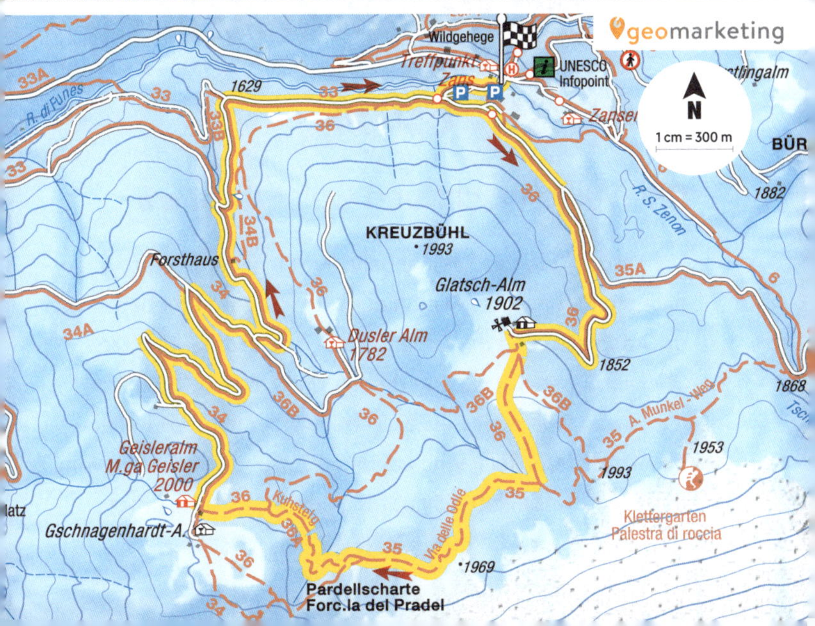

Wildgehege
Treffpunkt
Zans
UNESCO
Infopoint
tlingalm
Zanser
BÜR
1629
33A
R. di Funes
33
33
36
36
N
1 cm = 300 m
1882
R. S. Zenon
KREUZBÜHL
1993
39B
34B
Forsthaus
Glatsch-Alm
1902
35A
34
6
Dusler Alm
1782
34A
1852
1868
36
36B
36B
Tschi
34
34B
36
35 A. Munkel Weg
1953
Geisleralm
M.ga Geisler
2000
36
1993
Kuhsteig
Via delle Odle
35
Gschnagenhardt-A.
1969
Kletfergarten
Palestra di roccia
36
35
platz
34
Pardellscharte
Forc.la del Pradel

Rodel-Rundwanderung auf der Plose

99 Weiße Pracht und weite Sicht 66

Die Bergstation der Kabinenbahn liegt in einer „Kreuztal" genannten Kammsenke; weit hinten am Horizont erheben sich die Adamello- und die Ortlergruppe, die Ötztaler und die Stubaier Alpen. Im Süden erheben sich Peitlerkofel, Tullen, Aferer und Villnösser Geisler. Zirbenwälder und das tief eingekerbte Aferer Tal liegen auf dem Hinweg zur Rechten, vom manchmal turbulenten Skibetrieb auf den Pisten ist hier

 Bergstation Kabinenbahn
Plose

 ca. 2 Std., bei Rodelbenutzung
1 Std.

 190 m

 Tabacco 030,
Brixen – Villnössertal, 1 : 25.000

 Brixen, St. Andrä, Talstation
Plose

Gipfel zählen und bestimmen: Übung in „großer" Heimatkunde

nichts zu bemerken. Die Wanderung zählt unbestritten zu den schönsten in Südtirol. Und auch mit kleineren Kindern kann man die Wanderung gut unternehmen, weil der Hinweg nur sanfte Steigung aufweist und daher Mami und Papi nicht „Schwerstarbeit" verrichten müssen, wenn der Junior nicht mehr weiter kann oder will.

Wegverlauf: An der Bergstation der Kabinenbahn überquert man die Sonnenterrasse des Bergrestaurants, steigt über die Treppe hinunter, geht kurz hinüber zur Straße und nach rechts bis zur Kreuzung mit der Skipiste. Diese überquert man und setzt auf dem Winterwanderweg Markierung 17 fort. Zuerst durch freie Flächen, kurz durch Wald, dann wieder durch freies Gelände führt der gebahnte Weg. Bei der zweiten Wegverzweigung biegt man nach links auf die Markierung 17A ab und erreicht auf dieser die Jausenstation Rossalm.
Von der Rossalm führt die leichte und ausgesprochen kinderfreundliche Rodelbahn zurück bis in die Nähe der Bergstation der Seilbahn. Zu Fuß rechnet man für den Rückweg eine knappe Stunde.

19 Zur Prantneralm
im Wipptal

→	Braunhof oberhalb Schmuders
	ca. 2½ Std.
	450 m
	Tabacco 038, Sterzing – Stubaier Alpen, 1 : 25.000
	Sterzing, Wiesen-Pfitsch, Flains, Schmuders

💬 Sonnige Lage und prächtiger Fernblick 💬

Die Prantneralm ist in der Regel vom 7. Dezember bis Anfang April geöffnet, hat auch im Winter keinen Ruhetag und verfügt immer über einen bequemen Zustieg, da der Wirt selbst nach Neuschnee für einen gut gewalzten Weg sorgt. Weißpitz und Riedspitz überragen die Alm im Osten, nach Westen hin ist der Blick aber völlig frei: Die Stubaier und die Sarntaler Alpen bilden eine würdige Kulisse für Sterzing und das Wipptal, vor allem aber für Pflersch mit seinen Dreitausendern und mit „seiner Majestät", dem unverwechselbaren Pflerscher

Winterpracht im Wipptal

Tribulaun. Diese „Freiheit" nach Westen sorgt auch im Winter für relativ lange Sonnenscheindauer und macht den Aufenthalt auf der Sonnenterrasse attraktiv.

Wegverlauf: Vom Parkplatz am auch im Winter geöffneten Gasthof Braunhof folgt man der schmalen Straße bis in die Nähe des Hofes Gogl in Plun und immer weiter auf der Forststraße in mäßiger Steigung nach oben. Der Weg wird auch als Rodelbahn genützt, wie oben beschrieben. Rücksicht und Vorsicht werden auch hier vorausgesetzt.
Abstieg wie Aufstieg. Bei Rodelbenützung verkürzt sich die Gehzeit um etwa 1 Stunde.

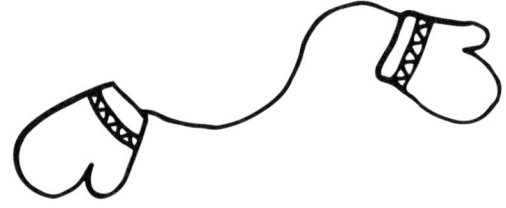

20 Die Ridnauner Talrunde

👀 Winterwanderung auf dem alten Erzweg 🍒

Der Hinweg verläuft zum größten Teil durch Wald, am Rückweg dagegen bewegt man sich im offenen Gelände auf der Sonnenseite des doch überraschend breiten Tales. Schöne Gehöfte säumen den Weg, im Mittelpunkt steht aber natürlich

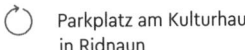
Parkplatz am Kulturhaus in Ridnaun

ca. 3 Std.

150 m

Tabacco 038, Sterzing – Stubaier Alpen, 1:25.000

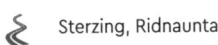
Sterzing, Ridnauntal

der Erzweg, der zur ehemaligen Erzaufbereitungsanlage im Talschluss führt. Dorthin wurde das wertvolle Erz (Silber, Blei, Zink, Cadmium) von der Passeirer Seite her geliefert, so weit als möglich von taubem Gestein befreit und über eben diesen Weg nach Sterzing und weiter ins Inntal verbracht. Bis zu 1000 Knappen arbeiteten – oder besser mühten sich in schwerster und gefährlicher Arbeit – in der Blütezeit des bereits 1237 erwähnten Bergwerkes in 2000 bis 2500 Metern Höhe. Die Knappen verdienten gut, hatten sogar eine eigene Gerichtsbarkeit und sie hofften in ihrem gefährlichen Beruf

Märchenhaft verschneites Ridnauntal

auf Hilfe von oben, wie die Knappenkirchen bezeugen. So etwa die Kirche zu St. Magdalena etwas oberhalb von Ridnaun.

Wegverlauf: Vom Parkplatz beim Kulturhaus bzw. vom etwas tiefer gelegenen Hotel Sonklarhof folgt man immer auf bestens präparierter Strecke der beschilderten „Oberen Erzstraße" taleinwärts bis zur Bergbauwelt mit der ehemaligen Erzaufbereitungsanlage. Auf der Höhe von Maiern ist der Weg manchmal nicht mehr gebahnt. In diesem Fall nach rechts auf die Talstraße ausweichen und bis zur Bergbauwelt fortsetzen. Dort nun über die Brücke und teilweise auf Höfe-Zufahrtswegen auf der Sonnenseite wieder talauswärts. Auf der Höhe von Ridnaun-Dorf überquert man den Bach und erreicht wieder den Ausgangspunkt.

21 Zur Anratterhütte auf der Spingeser Alm

 Parkplatz Bild-Wetterkreuz
am Beginn der Forststraße
oberhalb von Spinges

 ca. 4 Std

 500 m

Tabacco 037, Pfunderer Berge-
Hochfeiler, 1:25.000

 Ausfahrt A22 Brixen, Spinges,
Parkplatz Bild-Wetterkreuz

❥❥ Prächtige Aussicht und kulinarischer Genuss ❧❧

Die Anratterhütte befindet sich in sehr sonniger Lage am Südhang des Hinterberges oberhalb von Vals. Sie ist ein beliebtes Ausflugziel und meist auch gut besucht; von der Bergstation der Jochtalbahn Vals sind es schließlich nur etwa 20 Gehminuten. Nichtsdestotrotz legt man hier großen Wert auf Qualität und Freundlichkeit und ist erfolgreich damit: 2010, 2011 und 2012 wurde die Anratterhütte zur schönsten Almhütte und 2011 zur schönsten Skihütte in Südtirol gewählt (Leserbefragung das Tageszeitung „Dolomiten"). Aber auch kulinarisch hat die Hütte einiges zu bieten: Liebhabern von Knödeln wird Tag für Tag eine Auswahl von 15 verschiedenen Arten von Knödeln und Knödelgerichten geboten.

Die Gipfel zwischen Vals und Pfunders: im Winter den Tourengehern vorbehalten

Spinges liegt etwas abseits von den „großen" Touristen-routen, aber vermutlich liegt gerade darin sein Charme. Be-kannt ist das hübsche Dorf im Allgemeinen wegen Katharina Lanz, dem aus dem Gadertal stammenden Mädchen von Spinges, das 1797 während der Napoleonischen Kriege mit einer Heugabel bewaffnet den französischen Invasoren ent-gegentrat. Weniger bekannt ist, dass sich der Maler – und leidenschaftliche Jäger – Franz von Defregger in diese Ge-gend verliebt hat und in den Jahren von 1880 bis 1911 auf den Almen oberhalb von Spinges drei Häuser bauen ließ: eines für sich und je eines für seine beiden Söhne. Die als „Villa Defregger" bezeichneten Gebäude werden heute noch von seinen Nachfahren als Ferienhäuser benutzt.

Wegverlauf: Vom Parkplatz folgt man der Markierung Nr. 9 auf dem Güterweg größtenteils durch Wald, aber auch immer wieder über freie Bergwiesen; in mäßiger Steigung hinauf zur Hütte. Immer wieder lichtet sich der Wald und gibt schöne Ausblicke auf die Dolomiten frei.
Rückweg wie Hinweg. Man kann auch auf der Hütte eine Rodel ausleihen: Nach einigen Flachstücken, auf denen „nichts mehr geht", gelangt man zum Beginn der als Rodel-bahn homologierten Strecke und erreicht über die Bahn wie-der den Ausgangspunkt. Logischerweise ist diese Möglich-keit abhängig von der Schneelage.

22 Von Vals zur Fanealm

99 Ein viel besuchtes idyllisches Almdorf 66

„In die Fane" gehen die Einheimischen. Das Wort „Alm" wird weggelassen. Eingebettet in ein überraschend weites Becken finden sich hier eine ganze Reihe von Wohn- und Heuhütten, eine hübsche Kapelle und Almschenken, von denen im Winter

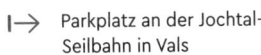
Parkplatz an der Jochtal-
Seilbahn in Vals

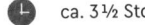
ca. 3½ Std

360 m

Tabacco 037, Pfunderer Berge-
Hochfeiler, 1:25.000

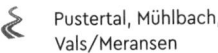
Pustertal, Mühlbach,
Vals/Meransen

aber nur eine geöffnet hat, von etwa Anfang Dezember bis
Ostern. Kenner sprechen vom „schönsten Almdorf Südtirols",
die Fane diente auch schon als idyllische Filmkulisse. Das hübsche Ensemble ist im Sommer ein wahrer Anziehungspunkt,
sehr sonnig, leicht erreichbar, ideal auch für Kinder, die hier
herumtoben können. Im Frühsommer wird auf dieser Gemein-
schaftsalm das Vieh aufgetrieben, im Hochsommer geht der
Auftrieb weiter taleinwärts zur Pfannalm und nach Labiseben,
die hinter der „Schramme" liegen, der tiefen Klamm, die den
Talkessel abschließt. In der Fane wird gemäht und Heu ge-
macht für den Winter. Im Winter ist es sehr viel ruhiger, aber
nicht minder attraktiv, der idyllische Eindruck bleibt immer

Die Talweite von Vals.
„In die Fane" geht es durch das enge Tal im Hintergrund.

erhalten. Und nicht nur die umgebende Pfunderer Bergwelt
ist beeindruckend, talauswärts sind am Horizont Langkofel
und Plattkofel sowie der Rosengarten zu erkennen. Almwirt-
schaft wird hier wohl schon seit Jahrhunderten betrieben; in-
teressant ist aber der Umstand, dass ewohner von Vals, vielleicht auch von außerhalb, hier heroben Zuflucht gesucht
haben vor der Pest. Die Seuche ging irgendwann vorbei, das
Almdorf hingegen blieb erhalten: fast ausschließlich in der
traditionellen Holzbauweise und mit einer kleinen Kapelle aus
dem Jahr 1898, deren Bau dem Gespenst eines Hirten in
Labiseben endlich Erlösung brachte.

Wegverlauf: Vom Parkplatz folgt man dem gebahnten Weg
bequem ins Talinnere. Etwa bei der Kurzkofelhütte wird der
Weg etwas steiler; in weiten Serpentinen wird der Steilhang
überwunden, im oberen Teil tut sich immer wieder ein Blick
auf die tief eingegrabene Klamm des Valler Baches frei. Nach
einer Verflachung geht's kurz hinunter zur Brücke über den
Bach und in einem kurzen Gegenanstieg hinauf zum Hütten-
dorf. Die Zingerlehütte bietet auch im Winter Einkehr und
Rast. Rückweg wie Hinweg.

23 Auf die Rodenecker Alm

⊢→	Parkplatz Zumis (gebührenpflichtig), Rodenecker Alm
🕐	ca. 3 Std.
⛰	350 m
🗺	Tabacco 030, Brixen– Villnössertal, 1:25.000
⚡	Brixen, Mühlbach, Rodeneck

❝ Eine angenehme Hüttenwanderung ❞

Zum Namen der Almen: Sie werden sowohl als Rodenecker wie als Lüsner Alm bezeichnet. Da die Zufahrt über Rodeneck erfolgt, wurde diese Bezeichnung gewählt. Sieht man von Winter- und Schneeschuhwanderern ab, ist die Rodenecker Alm eine Oase der Ruhe. Die Wanderung belohnt mit herrlichen Landschaftsbildern und einer großartigen Rundsicht. Diese reicht von den Sarntaler Alpen über Ötztaler, Stubaier und Zillertaler Alpen und über die Dolomiten. Insbesondere der markante Peitlerkofel zeigt sich hier mit seiner 550 Meter hohen Nordwand von seiner schönsten Seite. Erwähnenswert ist auch die hübsche Kapelle am Pianer Kreuz.

Winterpracht auf der Hochfläche der Rodenecker Alm

Wegverlauf: Vom Parkplatz folgt man dem gebahnten Weg mit der Markierung 4 zunächst durch Wald in sanfter Steigung aufwärts. Bald lichtet sich der Wald und die erste der bewirtschafteten Hütten, die Ronerhütte, gelangt in Sicht. Wieder ein kurzes Stück durch Wald, dann gelangt man endgültig auf die freien Flächen. Vorbei am Pianer Kreuz führt der Weg immer in sanfter Steigung weiter, bis der Wanderer an einer Wegkreuzung die Entscheidung trifft: nach links zur Rastnerhütte oder geradeaus zur Starkenfeldhütte. Rückweg wie Hinweg.

Variante für erprobte Winterwanderer: Von der Starkenfeldhütte kann man aufs Astjoch weiterwandern. Zusätzlich fast 2 Stunden Gehzeit und 290 Höhenmeter muss man einrechnen. Das Astjoch ist der höchste Punkt des Höhenrückens auf der Alm. Gadertal, Pustertal und Ahrntal liegen einem zu Füßen und die Dolomiten sind zum Greifen nah.

24 Winterwanderung von Pederü nach Fanes

→	Parkplatz Pederü im Rautal
🕐	ca. 3½ Std.
⛰	580 m
📖	Tappeiner 158, Fanes, Senes, Prags, Puez-Geisler, 1:30.000
⟩	Gadertal, Al Plan de Mareo-St. Vigil, Pederü

❝❝ Ins Sagenreich der Fanes ❞❞

In Klein-Fanes angelangt, einem Felskessel an der Ostseite des Heiligkreuzkofels, bilden lichter Zirben- und Lärchenbestand, vereinzelte Almhütten, flache Hänge und himmelhoch aufsteigende Gipfel ein großartiges und eindrucksvolles Szenario. Und schon ist man mitten drin im Sagenreich der Fanes. Karl Felix Wolff hat die Sagen gesammelt und rekonstruiert: teilweise etwas schwer zu lesen. Auguste Lechner (und andere mit ihr) haben viele der Sagen sozusagen „gezähmt" und in wunderbarer Sprache nacherzählt. Nicht versäumen sollte man den kurzen Aufstieg von einer der beiden Hütten zum Limopass: Der Übergang bietet einen

Herrliche Winterlandschaft in den Dolomiten

prächtigen Blick auf Klein-Fanes und das südlich gelegene Groß-Fanes. Hier also war das Reich des Weißen Murmeltiers, hier fand das sagenhafte Volk der Fanes seine neue Heimat und wurde groß und stark – bis zum elenden Untergang. Das Schauen wird zum Erlebnis und vielleicht zur festen Absicht, dieses verzauberte Land auch im Sommer einmal zu „besuchen".

Wegverlauf: Vom Parkplatz in Pederü folgt man der Markierung 7 nach rechts auf dem bestens gebahnten Weg taleinwärts. Zuerst flach, dann in Serpentinen über eine kurze Steilstufe hinauf in den weiten Boden. Zur Linken ragt die Lavinores-Gruppe auf, zur Rechten die Eisengabelspitze (Furcia dai Fers). Nun wandert man wieder relativ flach weiter und erreicht nach etwa 2 Stunden die Faneshütte und die Lavarellahütte, beide auch im Winter geöffnet. Rückweg wie Hinweg – oder mittels Schneekatzen-Shuttleservice.

25 Wandern am Fuße des Heiligkreuzkofels

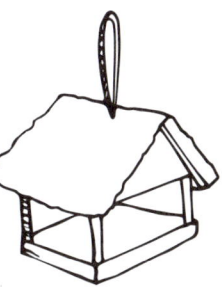

 Parkplatz Cialciara bei
La Val/Wengen

 ca. 3 Std.

 350 m

 Alpenwelt Verlag, I490
Alta Badia, 1:35.000

Bruneck, Gadertal, Pederoa,
La Val/Wengen, Weiler Lunz,
Furnacia, Parkplatz
„La Cialciara"

👀 La Crusc-Heiligkreuz:
ein alter Wallfahrtsort 👀

Das heutige Hospiz am Fuße des hoch aufragenden Sas dla
Crusc/Kreuzkofels wurde im Jahr 1718 erbaut, die Wallfahrts-
kirche wurde aber laut entsprechender Urkunde bereits im
Jahr 1484 geweiht. Manche Forscher nehmen an, es handle
sich bei diesem Ort um eine ursprünglich heidnische Kult-
stätte. Fast jede Gemeinde des Gadertales unternimmt heute
noch einmal im Jahr eine Wallfahrt nach Heiligkreuz.

Wie eine Mauer: die schroff abfallenden
Wände des Heiligkreuzkofels

Wegverlauf: Vom Parkplatz folgt man der Markierung 15A zunächst durch Wald nach Süden. Bald trifft man auf offenes Gelände, immer in mäßiger Steigung, hält sich an der Wegverzweigung mit der „Roda de Armentara" links und erreicht nach einer guten Stunde in den weiten Wiesen von Armentara die Kreuzung mit der Markierung 15. Fortsetzung geradeaus auf dieser Markierung und nach etwa einer Viertelstunde ist das Ziel erreicht.

Rückweg wie Hinweg.

Tipp: Empfehlenswert ist der kurze Abstecher zur Imbissstation Ranch da Andrè nach etwa zwei Drittel der Strecke. Nicht nur der schönen Aussicht wegen, sondern auch wegen der überaus schmackhaften „Turtres" (Tirtlan) mit Kraut- oder Spinatfüllung.

26 Ein Winterspaziergang
im hinteren Ahrntal

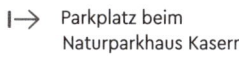 Parkplatz beim
Naturparkhaus Kasern

 ca. 1½ Std.

 110 m

 Tabacco 035, Ahrntal –
Rieserfernergruppe, 1:25.000

 Pustertal, Bruneck, Ahrntal,
Kasern

❤❤ Einfache und familienfreundliche Tour ❤❤

Das Wallfahrtskirchlein Heilig Geist zählt bestimmt zu den idyllischsten im Lande. Urkundlich erwähnt wird der Ort erstmals 1455 anlässlich der Weihe des Friedhofes. Zahlreiche Fresken und schöne Schnitzwerke verleihen dem Kirchlein, das auch als Knappenkirche für die Bergleute in Prettau diente, eine künstlerisch wertvolle Note. Vor dem Kirchlein steht ein mächtiges Kreuz, dessen Kruzifixus mehrere Einschusslöcher aufweist. Die Sage weiß, dass ein ruchloser Schütze auf dem Weg zu einem Preisschießen im Pinzgau an diesem

Früher war Kasern ein Dorf am Ende der Welt; heute ist das Dörfchen ein gesuchtes und beliebtes Wanderziel

Kreuz noch einmal seine Treffsicherheit ausprobieren wollte. Er traf (wie man sieht), er traf auch beim Preisschießen und kehrte mit einem Stier als Siegespreis über die Jöcher zurück. Aber an eben diesem Kreuz wurde der Stier wild und um den Frevler war's geschehen.

Wegverlauf: Vom Parkplatz wandert man auf der geräumten, für den Verkehr gesperrten Straße in sanfter Steigung taleinwärts. Bald ist die Talschlusshütte erreicht, da ist ein Abstecher hinüber zum Kirchlein Heilig Geist unerlässlich. Weiter geht's immer sanft ansteigend zur Jausenstation Adleralm (im Winter geöffnet). Meist ist der Weg aber auch weiter taleinwärts noch gut zu begehen, er führt in eine herrliche Bergwelt und in die große Stille.
Rückweg wie Hinweg.

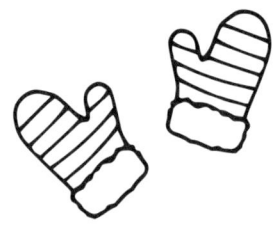

27 Von Rein zur Knuttenalm

🍂 Im Reich der Dreitausender 🍂

Rein in Taufers war schon vor dem Ersten Weltkrieg wegen seiner Naturschönheiten und der mächtigen Berge ein beliebtes Touristenziel. Das Dörfchen mit etwa 350 Einwohnern hat sich dem sanften Tourismus verschrieben. Auch im Winter. Skilangläufer finden hier 15 Kilometer bestens präparierte

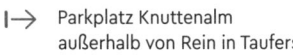 Parkplatz Knuttenalm
außerhalb von Rein in Taufers

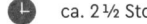 ca. 2½ Std.

 250 m

Tabacco Blatt 035, Ahrntal-
Rieserfernergruppe, 1:25.000

Bruneck, Sand in Taufers, Rein

Loipen, Schneeschuhwanderer suchen sich selbst ihre Touren aus und Winterwanderer kommen ebenfalls ganz auf ihre Kosten. Das liegt wohl auch an der besonderen Gelände-struktur des Hochtales: Fast eben zieht der Talboden nach der Engstelle am Ende der Steigung in den weiten Talkessel hinein bis zum Dorf. Dann aber „geht's los": 32 der 84 Drei-tausender des Tauferer Ahrntales finden sich in Rein, domi-niert vom höchsten Gipfel der Rieserfernergruppe, dem 3436 Meter hohen Hochgall. Dieser ebene Talverlauf ist ein Produkt der Eiszeit, im Fachterminus spricht man von einem „glazia-len Hängetal". Der viel mächtigere Gletscher im Haupttal hat den kleineren Gletscher im Nebental sozusagen gestoppt,

Hochwinter im hintersten Reintal

während das Haupttal tief erodiert wurde. Nach dem Abschmelzen der Gletscher hing das Nebental sozusagen hoch über dem Haupttal, die Schmelzwasser stürzten in gewaltigen Kaskaden hinunter. Das recht widerstandsfähige Gestein rund um Rein hat bewirkt, dass der Reinbach bis heute in mehreren spektakulären Wasserfällen nach unten stürzt. Bei größeren Seitentälern mit entsprechend wasserreicheren Bächen und höherer Erosionskraft haben sich dagegen tiefe, klammartige Täler ausgebildet, wie etwa in Ulten oder Schnals, um nur die zwei bekanntesten zu nennen.

Wegverlauf: Vom Parkplatz etwas oberhalb des Dorfes führt der gebahnte Weg, der auch als Rodelbahn dient, in sanfter Steigung hinein ins Tal. Der Blick auf die tief verschneiten Berge im Naturpark Rieserferner-Ahrn ist wunderschön, zur Rechten erheben sich Stutennock und Knuttennock, im Talhintergrund ragt die Gabelspitze auf, zur Linken sind Durreck und Hirbernock beherrschend. Von der Knuttenalm ist der Ausblick atemberaubend, sie ist von Ende Dezember bis Mitte April geöffnet.

Rückweg wie Hinweg. Auf der Alm können Rodeln ausgeliehen werden, wodurch sich die Gehzeit natürlich beträchtlich verkürzt.

28 Zur Kradorfer Hütte
im Gsieser Tal

 Parkplatz Talschlusshütte, hinter St. Magdalena

 ca. 2 ½ Std.

 250 m

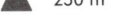 Tabacco 032, Antholzer Tal, 1:25.000

 Pustertal, Welsberg, St. Magdalena, Parkplatz im Talschluss

Unterwegs in der Heimat von Pater Haspinger

Auch in Gsies hat man auf den sanften Tourismus gesetzt. In St. Magdalena gibt es zwar einen kleinen Skilift für Anfänger, aber ansonsten wählen die Ski-Gäste lieber die nicht weit entfernten großen Skikarussells und ziehen sich „nach getaner Arbeit" in die Ruhe des Tales zurück, das zu den naturbelassensten im Lande gehört. Ab und zu ist allerdings auch in Gsies der Bär los. Am dritten Wochenende im Februar eines jeden Jahres findet der große Gsieser-Tal-Lauf statt, ein Skilanglauf-Volkswettbewerb, der auch Spitzenkönner (in

Die Kradorfer Hütte im Winterkleid

einer eigenen Kategorie) anzieht. 30 bzw. 42 Kilometer beträgt die Distanz.

Die bekannteste Persönlichkeit aus Gsies dürfte wohl Pater Haspinger sein. Joachim Simon Haspinger, geboren 1776, stammt aus St. Martin. Er studierte Philosophie in Innsbruck und beteiligte sich bereits als Student im österreichischen Heer an den Kämpfen gegen die Franzosen. 1802 trat er in den Kapuzinerorden ein und nahm den Ordensnamen Joachim an. Der „politische Kopf" – extrem konservativ und überaus beredt – übernahm in den Tiroler Freiheitskriegen als Feldpater die Führung verschiedener Schützenkompanien. Bei den Gefechten am Bergisel 1809 gelang es ihm, die immer wieder schwankenden Tiroler Bauern durch eindringliche Worte und mit dem Kreuz in der Hand zum Sieg zu beflügeln. Genützt hat es letztlich nichts und Pater Haspinger, der „Rotbart" ist in der kritischen Wissenschaft heute nicht ganz unumstritten.

Wegverlauf: Vom Parkplatz spaziert man in sanfter Steigung auf der für den Verkehr gesperrten Zufahrtsstraße der Almen taleinwärts. Nach den letzten Höfen taucht der Weg in den Wald ein und führt das Pidigtal hinauf. An der Abzweigung zur Messnerhütte gelangt man wieder in freies Gelände.

Kurz nach der Pidigalm wird der Bach überquert und man steht vor der Kradorfer Hütte. Rückweg wie Hinweg.

Variante: Bei günstigen Bedingungen, man erkundige sich in der Hütte, kann man auch auf der orografisch linken Seite des Pidigbaches (Markierung Nr. 49A) durch großteils freies Gelände absteigen; bei der ersten Wegverzweigung hält man sich rechts und gelangt wieder auf den Aufstiegsweg.

Auf die Plätzwiese in Prags

99 Prächtige Fernsicht unter einem „sagenhaften" Berg 66

Ein prächtiges Plätzchen sind sie, die Plätzwiesen, ein Hochplateau zwischen der Hohen Gaisl und dem Dürrenstein im

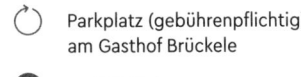
Parkplatz (gebührenpflichtig) am Gasthof Brückele

ca. 3½ Std.

550 m

Tappeiner 138, Sextner und Pragser Dolomiten, 1:25.000

Pustertal, Prags, „Zur Säge", Gasthof Brückele

Naturpark Fanes-Sennes-Prags. Mächtige Lärchen und knorrige Zirben sind punktförmig über die wellige Hochfläche verstreut. Die Dürrensteinhütte wird überragt von der mächtigen Hohen Gaisl und jenseits des Höhlensteintales stechen aus den zahlreichen Dolomitengipfeln die unverwechselbaren Drei Zinnen, der Paternkofel, der Monte Cristallo und die Tofane hervor. Auffallend ist die rote Färbung der Hohen Gaisl. Geologen sprechen von besonderen Ablagerungen im Gestein, in Wirklichkeit aber ist es ganz anders ...
Nachzulesen in den Dolomitensagen über Moltina und das erste Königspaar der mythischen Fanes.

Winterliches Hochplateau Plätzwiese

Wegverlauf: Vom Parkplatz in Brückele stapft man kurz auf der Zufahrtsstraße der Hütten aufwärts, bis rechts der Forstweg mit der Markierung 18 abzweigt. In sanfter Steigung wandert man nun durch das Stolla-Tal hinein und gelangt zu der im Winter geschlossenen Stolla-Alm. An der Alm zweigt der Weg Markierung 3 nach links ab und führt in sanftem Auf und Ab hinüber zum Gasthaus Plätzwiese. Empfehlenswert ist die Fortsetzung nach Süden bis zur Dürrensteinhütte (im Winter geöffnet).

Abstieg: bis zum Gasthof Plätzwiese, von dort nach rechts auf die Markierung 37 und danach auf dem gewalzten Rodel- und Fußweg durch das Tal hinunter, wo man auf den Aufstiegsweg trifft.

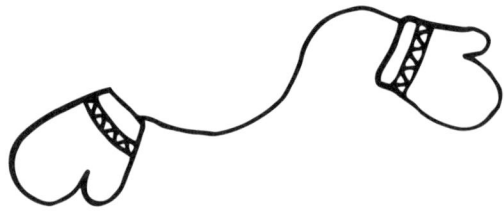

30 Durchs Innerfeldtal zur Dreischusterhütte

💬 Beliebte Einkehr für die ganze Familie 💬

Die erste Dreischusterhütte entstand in den Jahren von 1911 bis 1913. Der einstige See im „inneren Feld" hinterließ im fast ebenen Talgrund einen recht moorigen Boden, so dass die

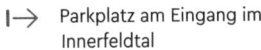 Parkplatz am Eingang im
Innerfeldtal

 ca. 2 Std

 300 m

 Tappeiner 138, Sextner und
Pragser Dolomiten, 1:25.000

 Pustertal, Innichen, Richtung
Sexten (3,5 km)

einfache Holzhütte auf Pfeilern erbaut werden musste. Nach nur 10 Jahren brannte die Hütte völlig ab und wurde neu errichtet, als Steinbau mit Wirtschafts- und Schlafräumen. In den 30er Jahren wechselte die Hütte mehrmals ihren Besitzer, nicht zu ihrem Vorteil, verfiel sie doch zusehends. An die Frühzeit erinnert noch die malerische Kapelle unterhalb des heutigen Schutzhauses. 1973 schließlich konnte der Alpenverein Südtirol (AVS) die Hütte erwerben, ließ die „Bruchbude" abreißen und etwas höher oben die heutige stattliche Hütte errichten, die 1975 ihrer Bestimmung übergeben werden konnte. Seitdem gehört das geräumige Schutzhaus mit seiner sonnigen Terrasse und der heimeligen Stube zu den gern besuchten Zielen im oberen Pustertal.

Die Hütte ist nicht mehr fern ...

Wegverlauf: Vom Parkplatz „Gweng" folgt man entweder dem gewalzten Talweg oder dem meist getretenen, aber etwas beschwerlicheren Fußpfad taleinwärts. Durch Wald steigt man mäßig steil hinauf und erreicht schließlich die auch im Winter bewirtschaftete Hütte im „inneren Feld", eben die waldfreie Fläche im Talschluss, die dem Tal den Namen gegeben hat. Eingebettet in die markanten Gebirgsmassive von Haunold und Birkenkofel im Westen sowie der Dreischusterspitze im Osten liegt die Hütte, die wegen des recht kurzen Anstiegs auch mit Kindern ein beliebtes Ausflugsziel ist.

Für den Rückweg bietet sich der bequeme Talweg an.

Variante: Man leiht in der Hütte eine Rodel aus und „braust" auf dem Talweg abwärts. Flachere und etwas steilere Stücke wechseln einander ab, insgesamt gilt die Rodelbahn aber als recht familienfreundlich. Die Rodel kann am Parkplatz deponiert werden. Gegenseitige Rücksichtnahme von Fußgängern und Rodlern wird natürlich auch hier vorausgesetzt.

Bildnachweis: Athesia-Tappeiner Verlag, Walter Dorfmann, Alex Filz, Thomas Grüner, Michael Guggenberg, Dietrich Holtz, IDM Südtirol (Frieder Blickle, Dietmar Denger, Alex Filz, Filippo Galluzzi, Hannes Niederkofler, Benjamin Pfitscher, Harald Wisthaler), Manuel Kottersteger, Stephan Matzoll, Hanspaul Menara, Hannes Niederkofler,Ortler Skiarena / Alex Filz, Peer GmbH, Peter Schatzer, Tiberi Sorvillo, stock.adobe.com (Gottfried Reidler, danmal25, Lorenza Panizza, Ina Ludwig, Viktor Mandryka, rotoGraphics, Ulf Dressen), Georg Tappeiner, Alfred Tschager, Trentino.com / Peer GmbH, Dietmar Weithaler, Harald Wisthaler, Tourismusgenossenschaft Brixen / Manuel Kottersteger, Tourismusverein Gsieser Tal / Georg Hofer, Tourismusverein Innichen, Tourismusverein Passeiertal / Benjamin Pfitscher, Tourismusverein Ratschings, Tourismusverein Ritten / Manuela Lun, Tourismusverein St. Vigil in Enneberg

2020
Alle Rechte vorbehalten
© by Athesia Buch GmbH, Bozen
Covergestaltung: FAVORITBUERO, München
Design & Layout: Athesia-Tappeiner Verlag
Kartografie: geomarketing, www.geo-marketing.eu
Druck: Athesia Druck, Bozen
ISBN 978-88-7073-955-8

www.athesia-tappeiner.com
buchverlag@athesia.it

TAPPEINER